Aulus Gellius
Noctes Atticae

Bearbeitet von Jens Klug

Mit 16 Abbildungen

Vandenhoeck & Ruprecht

Literatur

Textgrundlage

Marshall, P.K. (Hg.): Auli Gellii Noctes Atticae. Band I und II. Oxford 1968.

Aulus Gellius: Die Attischen Nächte. Übersetzt und mit Anmerkungen versehen von Fritz Weiss. Band I und Band II. Leipzig 1875/76 (Nachdruck Darmstadt 1981).

Weiterführende Literatur

Albrecht, Michael von: *Geschichte der römischen Literatur von Andronicus bis Boethius und ihr Fortwirken.* Band 2. Berlin 2012.

Backe, Annika: *Die Stiere des Zeus. Stier und Mythos im antiken Griechenland.* Uplengen/Remels 2006.

Barceló, Pedro: *Alexander der Große.* Darmstadt 2007.

Bentley, Jerry H.: *Old World Encounters. Cross-cultural Contacts and Exchanges in Pre-modern Times.* Oxford 1993.

Böhme, Gernot: *Der Typ Sokrates.* Frankfurt a. M. 1992.

Demandt, Alexander: *Alexander der Große. Leben und Legende.* München 2009.

Gehrke, Hans-Joachim: *Marcus Porcius Cato Censorius – ein Bild von einem Römer.* In: Karl-Joachim Hölkeskamp, Elke Stein-Hölkeskamp (Hgg.): Von Romulus zu Augustus. Große Gestalten der römischen Republik, S. 147–158, München 2000.

Gehrke, Hans-Joachim/Schneider, Helmuth: Geschichte der Antike. Ein Studienbuch. Stuttgart/Weimar 2000.

Holford-Strevens, Leofranc: *Aulus Gellius. An Antonine Author and his Achievement.* Oxford 2005.

Holford-Strevens, Leofranc: *The worlds of Aulus Gellius.* Oxford 2004.

Levy, Harry L.: *A Latin Reader for Colleges.* Chicago/London 1989.

Seibert, Jakob: *Hannibal.* Darmstadt 1993.

Tarn, William Woodthorpe: *The Greeks in Bactria and India.* Cambridge 2010.

Vassiliades, Demetrios: *Greeks and Buddhism.* Athen 2016.

Bibliografische Information der Deutschen Nationalbibliothek:
Die Deutsche Nationalbibliothek verzeichnet diese Publikation in der
Deutschen Nationalbibliografie; detaillierte bibliografische Daten sind
im Internet über https://dnb.de abrufbar.

© 2022 Vandenhoeck & Ruprecht, Theaterstraße 13, D-37073 Göttingen, ein Imprint der Brill-Gruppe
(Koninklijke Brill NV, Leiden, Niederlande; Brill USA Inc., Boston MA, USA; Brill Asia Pte Ltd, Singapore;
Brill Deutschland GmbH, Paderborn, Deutschland; Brill Österreich GmbH, Wien, Österreich)
Koninklijke Brill NV umfasst die Imprints Brill, Brill Nijhoff, Brill Hotei, Brill Schöningh, Brill Fink,
Brill mentis, Vandenhoeck & Ruprecht, Böhlau, Verlag Antike und V&R unipress.

Alle Rechte vorbehalten. Das Werk und seine Teile sind urheberrechtlich
geschützt. Jede Verwertung in anderen als den gesetzlich zugelassenen Fällen
bedarf der vorherigen schriftlichen Einwilligung des Verlages.

Umschlagabbildung: fotolia/Mavka

Satz: SchwabScantechnik, Göttingen
Druck und Bindung: ⊕ Hubert & Co. BuchPartner, Göttingen
Printed in the EU

Vandenhoeck & Ruprecht Verlage | www.vandenhoeck-ruprecht-verlage.com

ISBN 978-3-525-71743-1

Inhalt

Aulus Gellius	5
Überblick über die *Noctes Atticae*	5
1 Drakonische Strafen	6
2 Xanthippe: Warum Sokrates lieber auf der Agora als zu Hause war!	8
3 Alexander der Große – Die Geburt eines Helden	10
4 Alexanders Namensvetter	12
5 Bukephalos – Das Pferd Alexanders des Großen	14
6 Woher kommt der Name *Italien*?	16
7 Hannibal und die Römer	18
8 Marcus Porcius Cato – Römische Genügsamkeit	20
Eigennamenverzeichnis	22
Sachregister	24
Lernwortschatz	25
Wichtige rhetorische Stilmittel im Lateinischen	30
Zeittafel zur geschichtlichen Verortung der Kapitel	31
Bildnachweis	32

Liebe Schülerin, lieber Schüler!

Gellius' einzige Schrift, die *Noctes Atticae,* sind ein Sammelsurium verschiedenster, scheinbar wahllos aneinandergereihter Anekdoten und Kurzgeschichten. Dabei nahm er sich einer Vielzahl von Themen an, wie beispielsweise der Grammatik, Philosophie, Rechtskunde, aber auch der Geschichtsschreibung, Medizin oder Geometrie. Das Werk bietet somit einen einzigartigen Einblick in das Nebeneinander griechischer und römischer Kultur.

Diese Textausgabe enthält insbesondere Ausschnitte zu biographischen Anekdoten berühmter Persönlichkeiten der griechischen und römischen Antike, deren Leben auch heute noch – nicht nur für den Lateinunterricht – von großer Bedeutung ist. Andere Episoden wie der Versuch, die Herkunft des Wortes »Italien« zu klären und wie sich antike Gelehrte sprachliche Phänomene zu erklären versuchten, sind ebenfalls enthalten.

Für die Übersetzung der Texte und ihre Interpretation findest du folgende Hilfen:
- Jedes Kapitel beginnt mit Übungssätzen, in denen wichtige Grammatikphänomene, die dir bereits aus dem Lehrbuch bekannt sind, noch einmal wiederholt werden. Nimm dir also vor der Übersetzung die Zeit, die genannten Grammatikthemen noch einmal zu wiederholen und die angebotenen Beispielsätze zu übersetzen. So fällt die Übersetzung des Lektüretextes leichter.
- In der Kommentarspalte neben dem lateinischen Text findest du vielfältige Hilfen zu grammatikalischen Besonderheiten, unbekannten Wörtern und sachlichen Hintergründen.
- Alle Eigennamen, die in den Texten erwähnt werden, sind in einem abschließenden Verzeichnis erklärt.
- Zu jedem Kapitel findet sich im hinteren Teil des Heftes ein Abschnitt zu wichtigen Lernwörtern, die dir auch in anderen lateinischen Texten häufig begegnen.
- Eine Zeittafel hilft dir bei der geschichtlichen Verortung der Personen und Ereignisse.
- Viele verschiedene Aufgaben und Zusatzmaterialien sollen dir dabei helfen, die Texte zu erschließen und besser zu verstehen, aber auch mit anderen Wissensbereichen, die dir aus verschiedenen Schulfächern bekannt sind, zu vernetzen.
- Die farbig markierten Aufgaben (meist A1 und A2) zeigen an, dass diese Aufgaben **vor** der Übersetzung des Textes erledigt werden sollen. Sie dienen der Vorerschließung und erleichtern das eigentliche Übersetzen.
- Grundwissen, das dir aus dem Lateinunterricht oder anderen Fächern bereits bekannt sein sollte, ist jeweils mit einem Sternchen * markiert.

Aulus Gellius

Gellius' exaktes Geburtsjahr ist ebenso wie der Geburtsort Rom in der Forschung umstritten, für gewöhnlich wird das Jahr aber auf ca. 130 n. Chr. datiert. Über sein Leben finden sich nur sehr vereinzelte Hinweise aus seinem eigenen Werk, es gilt jedoch als gesichert, dass er eine exzellente Ausbildung in den Bereichen der Rhetorik und Philosophie erhielt, fließend Griechisch sprach und im Allgemeinen ein sehr gelehrter Mann war. Auch ist sicher, dass er später in Rom als Richter tätig war. Mit etwa 30 Jahren begab sich Gellius für mindestens zwei Jahre auf eine Studienreise nach Athen und kam so mit der Philosophie des Platonismus in Berührung. Sein philosophisches Denken wurde darüber hinaus stark von Favorinus von Arelate, einem der Akademischen Skepsis zugerechneten Sophisten, geprägt (zu den Begriffen s. Sachregister hinten im Buch).

Abb. 1: Titelblatt einer lateinischen Ausgabe von 1706

Überblick über die *Noctes Atticae*

Es ist anzunehmen, dass Gellius sein Werk im Zusammenhang mit seinem Aufenthalt in Athen verfasste. Die Datierung ist auch hier problematisch, da sie ausschließlich auf Angaben des Autors selbst beruht.

Die *Noctes Atticae,* die Attischen Nächte also, bilden ein in 20 Bücher aufgeteiltes, buntes Sammelsurium von Anekdoten und Kuriositäten in Form kleiner Essays und gewähren so einen Einblick in das antike Weltwissen der späten Kaiserzeit.

Zur Absicht des Werkes gibt Gellius im Vorwort der *Noctes Atticae* an, eine Erholungslektüre für seine Kinder verfasst zu haben; er wendet sich aber auch an all diejenigen Menschen, die nicht über die erforderliche Zeit für intensive Studien verfügen, und versieht sie mit dem nötigen Grundwissen über die antike Welt.

Die *Noctes Atticae* gelten somit bis heute als interessantes Fundbecken historischer Ereignisse, wissenschaftlicher Kuriositäten und sprachlicher Besonderheiten.

Gellius' Bildung spiegelt sich auch in seiner Sprache wider. Neben griechischen Fremdwörtern verwendet er auch Archaismen, also altertümliche Ausdrücke, um den Leser in eine vergangene Zeit »zurückzuholen« (z. B. »lubido« statt »libido«, »volgus« statt »vulgus«). Auch verschiedene Stilmittel sind für Gellius charakteristisch (s. Verzeichnis hinten im Buch), z. B. die Häufung synonymer Ausdrücke (Hendiadyoin); um durch Tempuswechsel die Intensität einer Erzählung zu steigern, scheint er auch für die Variatio eine besondere Vorliebe zu haben.

1 Drakonische Strafen

GR: Gerundium und Gerundiv

Wiederhole mit Hilfe einer Grammatik (z. B. der aus deinem Lehrbuch oder einer Systemgrammatik) Gerund und Gerundiv. Übersetze dann die vier Einführungssätze; achte dabei besonders darauf, ob eine nd-Form mit oder ohne *esse* steht, und unterscheide zwischen attributivem und prädikativem Gerundiv.

Abb. 2: Darstellung der Zwölftafelgesetze am Reichsgerichtsgebäude in Leipzig

1. Virtus laudanda est. – 2. Omnes clamant leges Draconis tollendas esse. – 3. Cives ad conventum agendum profecti sunt. – 4. Ars dicendi civibus prodest.

Gellius, Noctes Atticae, Buch XI, Kap. 18, § 1–8

Der Athener Drakon schrieb um das Jahr 621 v. Chr. die Gesetzgebung seiner Heimatstadt nieder. Im heutigen Sprachgebrauch spricht man bei einem überharten Urteil von einer »drakonischen Strafe«. Gellius stellt uns nachfolgend die Entwicklung des Rechtswesens von Drakon bis in die Zeit der römischen Republik vor:

1 Draco Atheniensis vir bonus multaque esse prudentia existimatus est iurisque divini et humani peritus fuit. Is Draco leges, quibus Athenienses uterentur, primus omnium tulit. In illis legibus furem cuiusmodicumque
5 furti supplicio capitis puniendum esse et alia pleraque nimis severe censuit sanxitque.

Eius igitur leges, quoniam videbantur impendio acerbiores, non decreto iussoque, sed tacito illitteratoque Atheniensium consensu oblitteratae sunt.

10 Postea legibus aliis mitioribus a Solone compositis usi sunt. Is Solo e septem illis inclutis sapientibus fuit. Is sua lege in fures non, ut Draco antea, mortis, sed dupli poena vindicandum existimavit.

Decemviri autem nostri, qui post reges exactos leges, qui-
15 bus populus Romanus uteretur, in XII tabulis scripserunt, neque pari severitate in puniendis omnium generum furibus neque remissa nimis lenitate usi sunt.

Atheniensis, is, Pl.: **Athenienses,** ium: der Athener; **Draco,** onis: Drakon **peritus,** a, um: erfahren, kundig; **fur,** ris m.: der Dieb; **cuiusmodicumque furti** (= Gen.): für jegliche Art von Diebstahl; **supplicio capitis:** mit der Todesstrafe; **sancire:** festsetzen, bestimmen

impendio (Adv.): außerordentlich, bei weitem; **decretum,** i (n.): Beschluss, Erlass; **tacitus,** a, um: stillschweigend; **illitteratus,** a, um: *hier:* ungeschrieben; **oblitterare:** (aus)streichen

mitis, e: sanft, mild; **inclutus,** a, um: berühmt; **dupli poena:** mit der doppelten Summe (des Geldbetrags der gestohlenen Ware)

decemviri: Zehnmännerkollegium; **post reges exactos:** *übersetze wie Abl. abs.:* regibus exactis; **tabula,** ae (f.): Tafel; **par,** is: gleich; **severitas,** atis (f.): Strenge; **remissus,** a, um: nachlässig;

A1 Bestimme die nd-Form *puniendis* (Z. 16) und begründe deine Entscheidung.

A2 Erstelle ein Sachfeld zum Thema »Recht/Strafe« mit lateinischen Wörtern aus dem Text.

A3 Erstelle eine Satzanalyse für die Zeilen 14–17 *(Decemviri … usi sunt)*.

A4 Erarbeite aus dem Text, worin trotz der offensichtlichen Härte der Bestrafung die Leistung Drakons für die antike Gesellschaft bestand.

A5 Der griechische Schriftsteller Plutarch schreibt über Drakons Vorliebe für die Todesstrafe:

> »Jener selbst aber, wie man sagt, antwortete auf Befragen, warum er den Tod für die meisten Verbrechen als Strafe vorgesehen habe, dass er der Ansicht war, ihn (den Tod) für die geringen Verbrechen anzuwenden, aber für die großen (Verbrechen) keine größeren (Strafen) habe.«

Erläutere, welche Problematik im Rechtssystem Drakons steckt.

*A6 Solon, Bekanntester der Sieben Weisen, gab seiner Heimatstadt Athen mit den sogenannten Solonischen Reformen eine Verfassung, die dir bereits aus dem Geschichtsunterricht geläufig sein dürfte.
a) Informiere dich im Internet über Solons Verfassungsreformen.
b) Diskutiert dann in der Klasse, weshalb Athen als Wiege der europäischen Demokratie gelten kann.

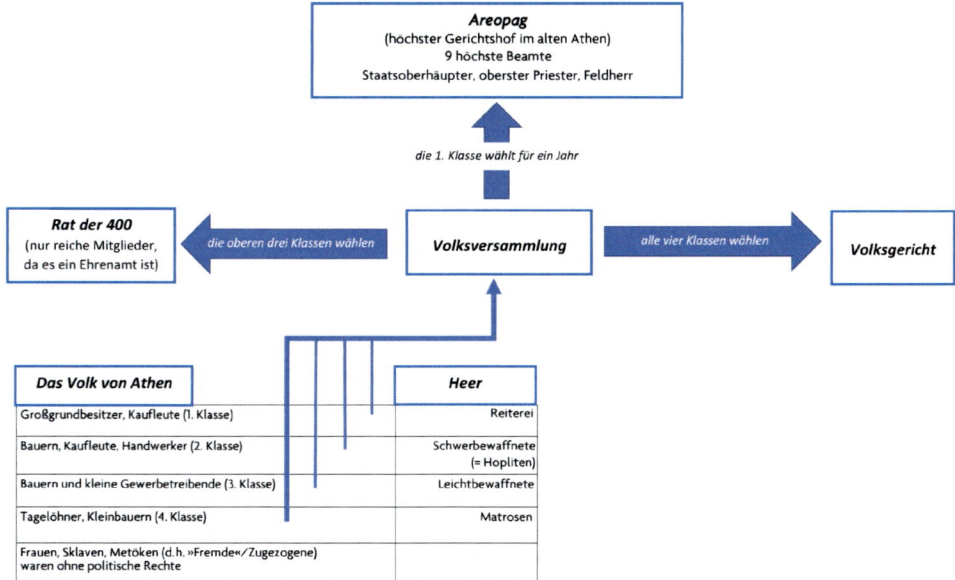

Abb. 3: Solonische Verfassung

2 Xanthippe: Warum Sokrates lieber auf der Agora als zu Hause war!

GR: cum als Präposition und Subjunktion

Wiederhole mit Hilfe einer Grammatik (ggf. auch mit Hilfe eines Wörterbuches) die Bedeutungsvielfalt des Wortes »cum«. Übersetze dann die nachfolgenden vier Sätze und gib jeweils an, ob es sich um »cum« als Subjunktion oder als Präposition handelt.

1. Xanthippe minime gavisa est, cum Socratem aspiceret.
2. Uxor, cum odio commota esset, saepe saeviebat.
3. Socrates, cum Xanthippen (Akk.) vidit, in forum redire cupiebat.
4. Philosophus enim cum discipulis disputationem habere voluit.

Gellius, Noctes Atticae, Buch I, Kap. 17, § 1–6

Die Gattin des griechischen Philosophen Sokrates stand bereits in der Antike sinnbildlich für eine überaus unverträgliche Frau. Gellius gibt seinen Lesern nachfolgend Tipps im Umgang mit charakterlich schwierigen Menschen:

1 Xanthippe, Socratis philosophi uxor, morosa admodum fuisse fertur et iurgiosa et molestiarum muliebrium per diem perque noctem scatebat.

Has eius intemperies in maritum Alcibiades demiratus
5 interrogavit Socratem, quae ratio esset, cur mulierem tam acerbam domo non exigeret.

»Quoniam«, inquit Socrates »cum illam domi talem perpetior, insuesco et exerceor, ut ceterorum quoque foris petulantiam et iniuriam facilius feram.«

10 Secundum hanc sententiam M. quoque Varro in satura Menippea, quam de officio mariti scripsit: »Vitium«, inquit, »uxoris aut tollendum aut ferendum est. Qui tollit vitium, uxorem commodiorem praestat; qui fert, sese meliorem facit.«

15 Haec verba Varronis »tollere« et »ferre« lepide quidem composita sunt, sed »tollere« apparet dicere pro »corrigere«. Id etiam apparet Varronem censuisse eiusmodi vitium uxoris, si corrigi non possit, ferendum esse; quod ferri scilicet a viro honesto potest; vitia enim flagitiis
20 leviora sunt.

Xanthippe, es: Xanthippe; **Socrates, i(s):** Sokrates; **morosus, a, um:** eigenwillig, launisch; **fertur:** *mit NcI*; **iurgiosus, a, um:** streitsüchtig; **muliebris, e:** Adj. zu *mulier*; **molestia, ae** (f.): Ärger, Verdruss; *übersetze den Plural wie Sg.!* **scatēre** + Gen.: voll sein von *etwas*;

Alcibiades, is: Alkibiades (Staatsmann Athens); **intemperies, ei** (f.): Zügellosigkeit; **demirari:** *mirari*;

cum + Ind.: immer wenn; **perpeti:** *pati*; **insuescere:** sich gewöhnen an; **foris:** draußen; **petulantia:** Unverschämtheit;

M. Varro, onis: Varro (röm. Universalgelehrter); **secundum:** in Übereinstimmung, gemäß; **satura Menippea:** menippeische Satire (antike Textgattung); **praestare:** *hier:* sich verschaffen; **sese:** se;

lepidus, a, um: geistreich;

scilicet: natürlich;

A1 Nenne alle lateinischen Wörter aus dem Text, die negative Eigenschaften der Xanthippe bezeichnen, und ergänze die Liste um weitere dir bekannte Vokabeln, die dazu passen könnten.

A2 Erkläre die Verwendung des Konjunktivs bei *esset* (Z. 5), *feram* (Z. 9) und *possit* (Z. 18).

A3 Beschreibe die im Gemälde (Abb. 4) dargestellte Szene. Erläutere, inwiefern die dargestellte Szene der Beschreibung Xanthippes im Text des Gellius gerecht wird.

Abb. 4: *Xanthippe leert den Nachttopf über Sokrates aus*, von Otto Vaenius (1607)

A4 Erörtere, warum Sokrates trotz Xanthippes Verfehlungen gelassen bleibt. Ordne in diesen Zusammenhang das folgende Zitat des Sokratesschülers Platon ein, der in einem seiner wichtigsten Werke schreibt:

> Sich selbst zu besiegen ist von allen Siegen der erste und auch beste, von sich selbst besiegt zu werden jedoch ist von allem das allerschändlichste und zugleich schlimmste.
> – *Platon, Nomoi 626e*

A5 Recherchiere im Internet zum Thema »Rolle der Frau in der Antike« und belege am Text, dass Xanthippe durch klischeehafte Überzeichnung in ein besonders negatives Licht gerückt wird.

Analysiere, was Gellius mit diesem Klischee bei seinen Lesern erzeugen will.

Wähle eine dir bekannte Frau aus den aktuellen Medien (z. B. aus der Politik, aus Film und Fernsehen o. Ä.) und beschreibe, wie sie dargestellt wird. Erläutere dann, inwiefern ggf. auch heute noch klischeehafte Beschreibungen üblich sind bzw. wie mit solchen Klischees heute umgegangen wird.

3 Alexander der Große – Die Geburt eines Helden

GR: Personal-, Possessiv- und Demonstrativpronomina

Wiederhole mit Hilfe einer Grammatik die Bildung von Personal-, Possessiv- und Demonstrativpronomen. Übersetze dann die nachfolgenden vier Sätze, markiere dabei jeweils alle Pronomina und gib an, um welche Art von Pronomen es sich handelt.

1. Xanthippe: »Abi! Te non iam aspicere possum!«
2. Socrates abibat et cives suos in foro interrogabat:
3. »Nonne putatis animos vestros immortales esse?«
4. Philippus: »Mittam epistulam meam ad Aristotelem, quia meus filius natus est.«

Gellius, Noctes Atticae, Buch IX, Kap. 3

Gellius berichtet von einem Brief des Makedonenkönigs Philipp II. an den Athener Philosophen Aristoteles, den er mit der Erziehung seines Sohnes Alexander beauftragt:

1 Philippus, Amyntae filius, terrae Macedoniae rex; cuius virtute industriaque Macetae locupletissimo imperio aucti gentium nationumque multarum potiri coeperant; et cuius vim atque arma toti Graeciae cavenda metuen-
5 daque esse inclitae illae Demosthenis orationes contionesque vocificant.

Is Philippus, cum in omni fere tempore negotiis belli victoriisque adfectus exercitusque esset, a liberali tamen Musa et a studiis humanitatis numquam afuit, quin
10 lepide comiterque pleraque et faceret et diceret.

Feruntur adeo libri epistularum eius munditiae et venustatis et prudentiae plenarum, velut sunt illae litterae, quibus Aristoteli philosopho natum esse sibi Alexandrum nuntiavit. Ea epistula, quoniam curae diligentiaeque in
15 liberorum disciplinas hortamentum est, exscribenda visa est ad commonendos parentum animos.

Exponenda est igitur ad hanc fere sententiam: »Philippus Aristoteli salutem dicit. Filium mihi genitum scito. Quod equidem dis habeo gratiam, non proinde quia natus est,
20 quam pro eo, quod eum nasci contigit temporibus vitae tuae. Spero enim, ut eductus eruditusque a te dignus exsistat et nobis et rerum istarum susceptione.«

Amyntas, ae: Amyntas (Eigenname); **rex:** *erg.* erat; **Macetae,** arum (m.): Makedonen; **aucti** (von augēre): *hier:* vergrößert, bereichert; **metuere:** sich fürchten; **inclitus,** a, um: berühmt, bekannt; **contio,** onis (f.): Ansprache; **vocificare:** bekannt machen

cum in omni ... afuit, quin: obwohl nahezu die ganze Zeit mit Kriegsgeschäften und Siegeszügen ganz und gar ausgelastet, war den freien Künsten und den Kulturwissenschaften dennoch immer zugetan, so dass er; **lepidus,** a, um: geistreich; **comis,** e: charmant

feruntur: *hier:* es werden überliefert; **munditia:** Feinheit; **venustas,** atis (f.): Schönheit; **velut:** wie zum Beispiel; **Aristoteles,** is: Aristoteles (gr. Philosoph); **diligentia,** ae: Sorgfalt; **hortamentum,** i: Ermunterung; **exscribenda:** *übersetze mit* aufschreibenswert; wert, ihn (den Brief) aufzuschreiben (Gerundiv von exscribere = aufschreiben); **commonere:** monere **exponere:** *hier:* übersetzen; **ad hanc fere sententiam:** etwa gemäß folgendem Sinn; **gignere,** o, genui, genitum: gebären; **scito:** *Imp. II:* wisse, du sollst wissen; **contingere:** *hier:* sich glücklicherweise treffen/ereignen; **exsistere:** *hier:* sich zeigen; **eruditus,** a, um: unterrichtet, ausgebildet; **susceptione rerum istarum:** der Nachfolge dieses Reiches

A1 Setze die folgenden Pronomina in den Singular bzw. Plural.

tecum   suo   mihi   nostrorum   istius (3)   eos

A2 Gliedere den Text in sinnvolle Abschnitte und gib ihnen passende Überschriften.

A3 Nenne anhand der Übersetzung der ersten beiden Abschnitte die hervorstechendsten Charakterzüge Philipps II.

A4 Betrachte die Goldmünze genau und gib an, welche im Text angesprochenen Tugenden du hier erkennen kannst.

A5 a) Beschreibe anhand des letzten Absatzes die Erwartungen Philipps II. an seinen Sohn.
    b) Versetze dich in die Lage seines Sohnes im jungen Erwachsenenalter. Verfasse einen inneren Monolog (auf Deutsch), in dem du deine Gefühle bezüglich der Erwartungshaltung deines Vaters beschreibst.

Abb. 5: Philipp der II. von Makedonien auf einer Münze

A6 Die untenstehende Karte zeigt Makedonien und Griechenland im Jahr 336 v. Chr.

a) Mache dich zunächst mit den einzelnen Symbolen anhand der Legende links unten vertraut.
b) Beschreibe die Machtverhältnisse auf der griechischen Halbinsel und dem ägäischen Meer.
c) Erläutere ausgehend von deinen Ergebnissen aus b), welche Reiche Alexanders größte Widersacher darstellten.

Abb. 6: Alexanders Ausgangslage: Makedonien und Griechenland im Jahre 336 v. Chr.

Personal-, Possessiv- und Demonstrativpronomina | 11

4 Alexanders Namensvetter

GR: Deponentia

Wiederhole mit Hilfe einer Grammatik die Besonderheiten bei den Verbformen der Deponentien. Übersetze anschließend die vier nachfolgenden Sätze.

1. Alexander adulescens consilium Aristotelis non semper secutus est.
2. In hostes suos misericordia non usus est.
3. Molossus contendit milites Alexandri minima virtute fungi.
4. Bello autem confecto omnes cives pace frui potuerunt.

Gellius, Noctes Atticae, Buch XVII, Kap. 21, § 28–34

Entgegen einer zu erwartenden, ausführlichen Schilderung der Taten Alexanders des Großen fasst sich Gellius eher kurz und überrascht mit einem ungewöhnlichen Vergleich:

1 Circa annum deinde urbis conditae quadringentesimum Philippus, Amyntae filius, Alexandri pater, regnum Macedoniae adeptus est et inque eo tempore Alexander natus est.

5 Post deinde aliquanto tempore Philippus apud Chaeroneam proelio magno Athenienses vicit. Tum Demosthenes orator ex eo proelio salutem fuga quaesivit.

Postea Philippus ex insidiis occiditur. At Alexander regnum adeptus ad subigendos Persas in Asiam atque in
10 Orientem transgressus est.

Alter autem Alexander, cui cognomentum Molosso fuit, in Italiam venit, bellum populo Romano facturus – iam enim fama virtutis felicitatisque Romanae apud exteras gentes enitescere inceptabat –, sed priusquam bellum
15 faceret, vita decessit.

Eum Molossum, cum in Italiam transiret, dixisse accepimus se quidem ad Romanos ire quasi in andronitin, Macedonem ad Persas quasi in gynaeconitin.

Postea Macedo Alexander, pleraque parte orientali subacta,
20 cum annos undecim regnavisset, obiit mortis diem.

---

quadringentesimus, a, um: vierhundertste(r/s); **Amyntas, ae:** Amyntas (Eigenname)

aliquantus, a, um: bedeutend, ziemlich viel; **Chaeronea, ae:** Chaironeia (Stadt in Griechenland); **Demosthenes, is:** Demosthenes (gr. Staatsmann und Redner)

Persae, arum: Perser; **Asia, ae:** Kleinasien; **Oriens, entis:** Osten, Orient

cognomentum, i: Beiname; **Molossus, i:** der Molosser (gemeint ist Alexander der Molosser aus Epirus); **exterus, a, um:** auswärtig; **enitescere:** hervorleuchten, *hier:* sich herumsprechen; **inceptare:** incipere;

in andronitin (gr. FW): in ein Männerquartier; **in gynaeconitin** (gr. FW): in ein Frauenquartier

Macedo, onis: Makedonier; **orientalis, e:** *übersetze:* **orientis** (s. o.); **undecim** (indekl.): elf;

A1 Übersetze die Partizipien *adeptus* (Z. 9) und *facturus* (Z. 12) mit Adverbialsatz und Präpositionalausdruck. Entscheide, welche Variante jeweils am treffendsten ist.

A2 Erstelle ein Sachfeld zum Thema »Kampf/Schlacht« mit lateinischen Wörtern aus dem Text.

A3 Erstelle eine Satzanalyse für die Zeilen 16–18 *(Eum Molossum ... in gynaeconitin)*.

A4 Beschreibe anhand von Abb. 7 Alexanders Verhalten in der Schlacht. Erläutere, mit welchen künstlerischen Gestaltungsmitteln der günstige Ausgang der Schlacht suggeriert wird.

Abb. 7: Alexandersarkophag, Alexander im Kampf gegen Perser in der Schlacht von Issos (333 v. Chr.)

A5 Vergleiche die Karte (Abb. 8) mit derjenigen von Abb. 6. Beurteile vor diesem Hintergrund Alexanders Bewältigung der Aufgaben, die ihm sein Vater hinterlassen hat.

Abb. 8: Die Karte zeigt das riesige Reich, das Alexander auf seinen Feldzügen erobern konnte. Die farbigen Gebiete markieren die sog. Diadochenreiche, in die das Territorium nach Alexanders Tod zerfiel.

A6 Gellius zieht in der zweiten Hälfte des Textes einen merkwürdigen Vergleich des »echten« Alexander zu einem gewissen Alexander Molossus. Erörtere, was Gellius mit diesem Vergleich bezwecken könnte.

5 Bukephalos – Das Pferd Alexanders des Großen

GR: Ablativus absolutus

Wiederhole mit Hilfe einer Grammatik den Ablativus absolutus. Markiere dann in den nachfolgenden vier Sätzen jeweils die Abl. abs. und übersetze. Entscheide jeweils, ob ein Präpositionalausdruck oder ein adverbialer Nebensatz treffender ist.

1. Militibus pugnantibus rex Persarum mortem fugit.
2. Alexandro vivo multae gentes Macedones metuerunt.
3. Philippo rege proelium apud Chaeroneam factum est.
4. Bello confecto nonnulli Graeci in ea regione oppida condiderunt.

Abb. 9: *Die Zähmung des Bukephalos*, von André Castaigne (1888–1889)

Gellius, Noctes Atticae, Buch V, Kap. 2, § 1–5

Wie auf Abb. 11 dargestellt, war das furchtlose Ross Bukephalos für Alexander in seinen Kriegen unabdingbar. Gellius weiß dazu Folgendes zu berichten:

1 Equus Alexandri regis et capite et nomine »Bucephalos« fuit. Emptum Chares scripsit talentis tredecim et regi Philippo donatum; hoc autem aeris nostri summa est sestertia trecenta duodecim.

Bucephalos (gr.): Ochsenkopf; **Chares,** is: Chares von Mytilene (gr. Historiker); **talentum,** i: Talent (Währungseinheit); **aes,** aeris: *hier:* Währung; **sestertia trecenta duodecim**: 312.000 Sesterzen

5 Super hoc equo dignum memoria visum est, quod, ubi ornatus erat armatusque ad proelium, haud umquam inscendi sese ab alio nisi ab rege passus sit.

armatus, a, um: bewaffnet, gerüstet; **inscendere**: besteigen; **sese**: se;

Id etiam de isto equo memoratum est, quod, cum insedisset in eo Alexander bello Indico et facinora fortia fecisset,
10 in hostium cuneum non satis sibi providens inmisit.

memoratus, a, um: bekannt, erwähnenswert; **Indicus,** a, um: indisch; **insidere**: sich setzen auf; **inmittere**: immittere; **cuneus,** i: Schlachtordnung;

Coniectis undique in Alexandrum telis vulneribus altis in cervice atque in latere equus perfossus est; moribundus tamen ac prope iam exsanguis e mediis hostibus regem vivacissimo cursu retulit atque, ubi eum extra tela extu-
15 lerat, ilico concidit et domini iam superstitis securus animam exspiravit.

conicere, io, ieci, iectum: werfen, schleudern; **cervix,** icis (f.): Hals, Nacken; **perfodere,** o, fodi, fossum: durchbohren; **moribundus,** a, um: dem Tode nah; **exsanguis,** e: blutleer; **vivax,** acis: kräftig, lebhaft; **ilico**: sofort, sogleich; **superstes,** stitis: überlebend; **animam exspirare**: sterben

Tum rex Alexander parta eius belli victoria oppidum in isdem locis condidit idque ob equi honores »Bucephalon« appellavit.

A1 Übersetze den Ablativus absolutus in Z. 24 *(victoria parta)* mit Adverbialsatz, Beiordnung und Präpositionalausdruck. Entscheide, welche Variante jeweils am treffendsten ist.

A2 Bestimme drei rhetorische Mittel in den Zeilen 5 bis 11 und erkläre ihre Funktion.

A3 Alexanders Eroberungen haben im ehemaligen persischen Reich lange bleibende Spuren hinterlassen und nicht zuletzt oftmals auch zu einer Vermischung der angesiedelten griechischen und makedonischen Soldaten und der einheimischen Bevölkerung geführt. Vor diesem Hintergrund entstand im Gebiet des heutigen Afghanistan und Pakistan der sog. Graeco-Buddhismus. Beschreibe, welche Einflüsse griechischer und indischer Kultur du auf folgenden Abbildungen erkennen kannst:

Abb. 10: Buddhastatue mit Wächterfigur (2. Jhd. n. Chr.)

Abb. 11: Darstellung des Trojanischen Pferdes auf einem Relief aus Gandhara, Pakistan (1. Jh. n. Chr.)

A4 Durch Alexanders weites Vordringen nach Asien wurde mit der ersten Öffnung der sog. »Seidenstraße« der Grundstein für einen lange anhaltenden und bedeutsamen wirtschaftlichen und kulturellen Austausch zwischen Europa und Asien gelegt.

a) Recherchiere im Internet zum Begriff »Seidenstraße«.
b) Diskutiert in Gruppen die Vor- und Nachteile dieser Art von Handel(sroute).
c) Stellt einen Vergleich mit dem heutigen Handel an: Nennt Gemeinsamkeiten und Unterschiede. Beziehet in euren Vergleich vor allem auch den modernen Online-Handel mit ein und arbeitet anhand eines selbst gewählten Beispiels Nutzen, aber auch Risiken heraus.

6 Woher kommt der Name *Italien*?

GR: Komparation

Wiederhole mit Hilfe einer Grammatik die Steigerung von Adjektiven und Adverbien. Übersetze dann die nachfolgenden Sätze; gib jeweils an, um welche Steigerungsform es sich handelt (Komparativ oder Superlativ).

1. Olim Carthago divitior quam Roma erat.
2. Hannibal prudentior omnibus hostibus erat.
3. Romani fortiores erant.
4. Multi dixerunt Romanos fortissimos fuisse.

Gellius, Noctes Atticae, Buch XI, Kap. 1, § 1–3

Gellius erörtert die Herkunft des Wortes »Italien«. Im Zuge dieser etymologischen (s. Sachregister) Überlegung kommt er auch auf die Bedeutung der Kuh für den frühen römischen Staat und sein Rechtswesen zu sprechen.

1 Timaeus in historiis, quas oratione Graeca de rebus populi Romani composuit, et M. Varro in antiquitatibus rerum humanarum terram Italiam de Graeco vocabulo appellatam scripserunt, quoniam boves Graeca vetere
5 lingua ἰταλοί vocitati sint, quorum in Italia magna copia fuerit.

Possumus autem coniectare ob eandem causam,
    quod Italia tunc esset armentosissima,
  multam,
10   quae suprema appellatur,
institutam (esse)
in singulos dies duarum ovium et boum triginta, pro copia boum proque ovium penuria.

Sed cum eiusmodi multa pecoris armentique a magistra-
15 tibus dicta erat, adigebantur boves ovesque, alias pretii parvi, alias maioris pretii; eaque res faciebat inaequalem multae poenitionem. Idcirco postea lege Aternia constituti sunt in oves singulas aeris deni, in boves aeris centeni.

Minima autem multa est ovis unius. Suprema multa est
20 eius numeri, cuius diximus, ultra quem multam dicere in dies singulos ius non est; et propterea suprema appellatur, id est summa et maxima.

Timaeus, i: Timaeus (gr. Historiker); **oratio, onis:** *hier:* lingua; **de rebus:** über die Geschichte des röm. Volkes; **M. Varro, onis:** Varro (röm. Universalgelehrter); **in antiquitatibus rerum humanarum:** in seinem Werk »Die Geschichte der Menschen des Altertums«; **vocitare:** gewöhnlich/üblicherweise nennen; **ἰταλοί:** *lies:* italoi;

coniectare: vermuten; **armentosus, a, um:** rinderreich, reich an Rindern; **multam instituere** + *Gen.: etw.* als Strafe festlegen; **in singulos dies:** pro Tag; **triginta:** dreißig; **pro:** *hier:* entsprechend, im Verhältnis zu; **penuria:** Mangel

armentum, i: Rind, Rinderherde; **dicere:** *hier:* aussprechen; **faciebat inaequalem multae poenitionem:** machte die Geldstrafe ungerecht; **lex Aternia:** das aternische Gesetz (s. Sachregister); **constituti … centeni:** zehn Kupferstücke sind für ein Schaf und hundert für ein Rind festgelegt worden

quem: bez. auf *numeri;* **in dies singulos:** täglich; **ius non est:** es ist nicht rechtmäßig

A1 Im Text kommen verschiedene Steigerungsformen von Adjektiven vor. Trage die fehlenden Formen in die Tabelle ein.

Positiv	Komparativ	Superlativ
humanus		
magnus		
		armentosissimus
		minimus

A2 Stelle aus dem vorletzten Abschnitt zwei Stilmittel zusammen und erkläre deren Funktionen.

A3 Die Griechen Aristoteles und Thukydides legen entgegen Gellius' Auffassung eine Namensherkunft des Wortes *Italien* vom mythischen König des süditalischen Stammes der Oenotrier, Italus, nahe:

»Gemäß der Geschichtsschreiber wurde einer der hiesigen Siedler, ein gewisser Italus, König über die Oenotrier, und von diesem nahmen sie den Namen Italier an an der Stelle von Oenotrier.«

Vergleiche die Herleitung des Namens »Italien« bei Gellius mit der Herleitung bei Aristoteles und Thukydides: Welche Herleitung hältst du für wahrscheinlicher? Begründe deine Entscheidung.

A4 Wie die Abb. 12 und 13 zeigen, kommt der Kuh in vielen unterschiedlichen Kulturen und ihren Mythen eine besondere Rolle zu. Recherchiere im Internet über die Bedeutung der Kuh im Hinduismus und vergleiche deine Ergebnisse mit den beiden Bildern. Beziehe auch deine Kenntnisse aus dem Übersetzungstext mit ein und erkläre die jeweilige Rolle der Kuh.

← Abb. 12: Audhumbla leckt Búri aus dem Eis (s. Sachregister). Aus einer isländischen Handschrift des 18. Jhds.

Abb. 13: Hinduistische Holzfigur einer vierköpfigen Kuh aus Südindien →

7 Hannibal und die Römer

GR: Partizipialformen

Wiederhole mit Hilfe einer Grammatik die Grundprinzipien der Partizipbildung im Lateinischen (Part. Präs. Akt. / Part. Perf. Pass. / Part. Fut. Akt.). Übersetze dann die vier Einführungssätze.

1. Hannibal in Asiam perveniens gaudebat.
2. Milites victi domum redierunt.
3. Bello confecto milites domum redierunt.
4. Hannibal auxilium petiturus ad Antiochum adiit.

Gellius, Noctes Atticae, Buch V, Kap. 5, § 1–7

Nach dem Sieg der Römer über die Karthager musste Hannibal aus dem röm. Machtbereich fliehen und fand beim Seleukidenkönig (s. Sachregister) Antiochus in Kleinasien Asyl, der seinerseits mit den Römern im Krieg um die Vorherrschaft in Griechenland stand:

1 In libris veterum memoriarum scriptum est, Hannibalem Carthaginiensem apud regem Antiochum facetissime cavillatum esse. Ea cavillatio huiusmodi fuit:
Ostendebat ei Antiochus in campo copias ingentis, quas
5 bellum populo Romano facturus comparaverat, convertebatque exercitum insignibus argenteis et aureis florentem. Inducebat etiam currus cum falcibus et elephantos cum turribus equitatumque frenis, ephippiis, monilibus, phaleris praefulgentem.

10 Atque ibi rex, contemplatione tanti ac tam ornati exercitus gloriabundus, Hannibalem aspicit et »Putasne«, inquit, »conferri posse ac satis esse Romanis haec omnia?«
Tum Hannibal, eludens ignaviam inbelliamque militum eius pretiose armatorum, respondit:
15 »Satis, plane satis esse credo Romanis haec omnia, etiamsi avarissimi sunt.«
Nihil prorsum neque tam lepide neque tam acerbe dici potest; rex de numero exercitus sui ac de aestimanda aequiperatione quaesiverat; Hannibal respondit de
20 praeda.

memoria, ae (f.): *hier:* Überlieferung; **Hannibal**, alis: Hannibal; **facetus**, a, um: witzig; **cavillari**, or, atus sum: Scherze treiben, sich lustig machen; **cavillatio**, onis (f.): Stichelei, Spott; **ingentis** = ingentes; **Antiochus**, i: Antiochus; **insigne**, is (n.): Abzeichen, Feldzeichen

inducere: *hier:* auftreten lassen, vorführen; **falx**, cis (f.): Sichel; **frenum**, i (n.): Zügel; **ephippium**, i (n.): Sattel; **monile**, is (n.): Halsschmuck; **phalerae, arum** (f.): Ehrenzeichen; **praefulgere**: glänzen, in die Augen stechen

contemplatio, onis (f.): *hier:* Anblick; **gloriabundus**, a, um: prahlend;

eludere: spotten; **ignavia**, ae: *hier:* Trägheit; **inbellia**, ae: Kampfuntauglichkeit; **pretiosus**, a, um: wertvoll; **armatus**, a, um: bewaffnet, gerüstet; **avarus**, a, um: gierig, habsüchtig

nihil prorsum: überhaupt nichts; **lepidus**, a, um: witzig; **acerbus**, a, um: derb; **aequiperatio**, onis (f.): Vergleichbarkeit; **respondere de praeda**: *übersetze:* es in der Antwort als Beute bezeichnen

A1 Bestimme alle Partizipialformen im Text nach Kasus, Numerus, Genus und Zeitverhältnis. Erläutere die Funktion des PFA in Z. 5.

A2 Gliedere den Text in Sinnabschnitte und gib den einzelnen Absätzen Überschriften.

A3 Skizziere den Gesprächsverlauf zwischen Hannibal und Antiochus nach. Spielt die Szene zwischen Hannibal und Antiochus in der Klasse nach.

*A4 Arbeite mit Hilfe nachfolgenden Textes des Autors Cornelius Nepos wesentliche Persönlichkeitsmerkmale Hannibals heraus:

Zusatztext: Cornelius Nepos: *Hannibal* (Nep. Hann. 1,1; gekürzt)

Ist es eine von niemand bezweifelte Tatsache, dass das römische Volk alle Völker an Mannhaftigkeit übertraf, so darf man nicht leugnen, dass Hannibal den übrigen Feldherrn an Klugheit ebenso weit überlegen war, als das römische Volk sämtliche Völker an Tapferkeit übertrifft. Denn so oft er mit demselben in Italien kämpfte, blieb er immer Sieger. Wäre er daher nicht daheim durch die Missgunst seiner Mitbürger gelähmt worden, so scheint es, hätte er die Römer überwinden können. Doch die Eifersucht der vielen besiegte die Tüchtigkeit des einen. Den von seinem Vater aber gleichsam ererbten Hass gegen die Römer bewahrte er so treu, dass er eher sterben wollte, als ihn aufzugeben. Ja, als er aus dem Vaterland vertrieben war und fremder Hilfe bedurfte, hörte er doch niemals auf, mit seiner geistigen Kraft die Römer zu bekämpfen.

A5 Erörtere, inwiefern Hannibals in A4 erarbeitete Charaktereigenschaften in Abb. 14 besonders stark zur Geltung kommen.

Abb. 14: Jacopo Ripanda: *Hannibal überschreitet die Alpen*, 1505–1506. (Fresko aus den Kapitolinischen Museen)

8 Marcus Porcius Cato – Römische Genügsamkeit

GR: AcI

Wiederhole mit Hilfe einer Grammatik den AcI und markiere in den nachfolgenden vier Sätzen jeweils den Subjektsakkusativ und den Prädikatsinfinitiv. Übersetze dann; achte besonders auf das Tempus.
1. Ceterum censeo Carthaginem esse delendam.
2. Confiteor me peccavisse.
3. Constat Catonem maxima virtute fuisse.
4. Scio virtutem vobis profuturam esse.

Gellius, Noctes Atticae, Buch XIII, Kap. 24, § 1–2

Marcus Porcius Cato, auch Cato der Ältere genannt, galt den Römern als Muster für einen pater familias, für den die virtus – die Tugend im römischen Sinne – den höchsten Wert im Leben darstellt:

1   M. Cato consularis et censorius publicis iam privatisque opulentibus rebus villas suas inexcultas et rudes ne tectorio quidem praelitas fuisse dicit ad annum usque aetatis suae septuagesimum.

Cato, onis: Cato; **consularis,** is (m.): ehemaliger Konsul; **censorius,** i (m.): ehemaliger Zensor; *ordne: iam rebus publicis privatisque opulentibus;* **opulens,** entis: reich; **inexcultus,** a, um: schlicht; **tectorio praelitas:** *übersetze:* weiß verputzt; **annus septuagesimus:** das 70. Jahr

5   Atque ibi postea his verbis utitur: »Neque mihi«, inquit, »aedificatio neque vasum neque vestimentum ullum est manupretiosum neque pretiosus servus neque ancilla. Si quid est«, inquit, »quod utar, utor; si non est, egeo. Suum cuique per me uti atque frui licet.«

aedificatio, onis (f.): Gebäude; **vestimentum,** i: Kleidungsstück.; **neque ullum:** *nullum;* **manupretiosus,** a, um: kostbar; **ancilla,** ae: Dienstmädchen; **per me:** von mir aus;

10   Tum deinde addit: »Vitio vertunt, quia multa egeo; at ego illis, quia nequeunt egere.«

vitio vertere: als Fehler auslegen; **ego illis:** *ergänze:* vitio verto

Haec mera veritas Tusculani hominis egere se multis rebus et nihil tamen cupere dicentis plus hercle promovet ad exhortandam parsimoniam sustinendamque ino-
15   piam quam Graecae istorum praestigiae philosophari sese dicentium, qui se nihil habere et nihil tamen egere ac nihil cupere dicunt, cum et habendo et egendo et cupiendo ardeant.

merus, a, um: rein, einfach; **Tusculanus homo:** Mann aus Tuskulum = Cato d. Ä.; **dicentis:** *bezogen auf* hominis, *Prädikat:* promovet; **hercle:** fürwahr, wahrhaftig; **promovere ad:** *hier:* beitragen zu; **istorum philosophari sese dicentium** = istorum philosophorum; **parsimonia,** ae: Sparsamkeit; **praestigiae,** arum: Gaukelei, Blendwerk; **cum:** *konzessiv*

A1 Markiere im Text alle AcI-Konstruktionen und gib an, wovon der AcI jeweils abhängt. Bestimme jeweils, welches Zeitverhältnis bei den AcI-Konstruktionen vorliegt.

A2 Stelle aus den Zeilen 5–9 mindestens zwei Stilmittel zusammen und erläutere deren Funktion.

A3 Stelle den letzten Abschnitt (Z. 12–18) des Textes mit der Einrückmethode graphisch dar. Markiere dabei Prädikate, Subjekte und Akkusativobjekte mit unterschiedlichen Farben und unterstreiche alle Konjunktionen und Subjunktionen. Fertige erst dann eine abschließende Übersetzung dieses Abschnitts an.
(Zur Wiederholung: Bei der Einrückmethode schreibst du den zu analysierenden Satz ab, beginnst dabei aber mit dem Hauptsatz am linken Zeilenrand und setzt Nebensätze ersten Grades durch Einrücken ein Stück nach rechts ab, Nebensätze zweiten Grades ein weiteres Stück nach rechts usw.)

*__A4__ Arbeite anhand des nachfolgenden Textes des Autors Cornelius Nepos sowie anhand des übersetzten Textes wesentliche Persönlichkeitsmerkmale Catos heraus. Beziehe auch Abb. 15 in die Charakterisierung Catos mit ein.

Zusatztext: Cornelius Nepos: *Cato* (Nep. Ca. 1,1; gekürzt)

In allen Dingen zeigte er eine einzigartige Betriebsamkeit. Denn er war ein geschickter Landwirt, erfahrener Rechtsgelehrter, bedeutender Feldherr, ein anerkennenswerter Redner und überaus leidenschaftlicher Leser. Obgleich er sich erst in einem gewissen Alter den Studien verschrieb, machte er dennoch so große Fortschritte, dass es nicht leicht ist, etwas aus der griechischen oder italischen Geschichte zu finden, das ihm unbekannt gewesen wäre. Von Jugend an verfasst er Reden. Als Greis beschloss er, ein Geschichtswerk zu schreiben, das aus sieben Büchern besteht. [...] An diesem Werk lässt sich viel Fleiß und Genauigkeit erkennen, aber keine Gelehrsamkeit.

Abb. 15: Marcus Porcius Cato in einem nachantiken Holzstich

*__A5__ Cato der Ältere galt den Römern nachfolgender Jahrzehnte und Jahrhunderte stets als Vorbild und Verkörperung des *mos maiorum*. Recherchiere im Internet oder in einem geeigneten Lexikon, welche Werte hinter dem Begriff *mos maiorum* stehen, und erörtere, inwiefern die Achtung dieser Eigenschaften Roms Aufstieg zur Weltmacht begünstigt haben könnte.

Eigennamenverzeichnis

Alcibiades, is	Alkibiades (450–404 v. Chr.) war ein athenischer Politiker, Redner und General.
Alexander, dri	Alexander III. von Makedonien (20. Juli 356–10. Juni 323 v. Chr.), genannt Alexander der Große, war der wohl größte Feldherr der Antike, der das Zeitalter des Hellenismus einläutete, in dem sich die griechische Kultur über einen Großteil der damals bekannten Welt ausbreitete.
Alexander Molossus	Alexander I. von Epirus (370–331 v. Chr.), auch Alexander der Molosser genannt, war König des Stammes der Molosser in Epirus.
Amyntas, ae	Amyntas III. von Makedonien (um 370 v. Chr.) war König von Makedonien; zu seiner Zeit war das Königreich in der Region jedoch relativ bedeutungslos.
Antiochus, i	Antiochus III., auch Antiochus der Große genannt, war König des Seleukidenreiches (223–187 v. Chr.).
Aristoteles	Aristoteles (384–322 v. Chr.) war ein Schüler Platons, griechischer Philosoph und einer der bedeutendsten und einflussreichsten Naturforscher der Geschichte; von 343 bis 334 v. Chr. war er Lehrer Alexanders des Großen.
Audhumbla	»Die Milchreiche«, Ur-Kuh in der nordischen Mythologie, die an einem salzigen Stein leckte, so dass innerhalb dreier Tage ein Mann, Búri, aus dem Stein hervorkam.
Bucephalus, i	Bukephalos war das Schlachtross Alexanders des Großen. Es galt als besonders stattlich und sturköpfig und soll der Überlieferung nach einzig Alexander als Reiter akzeptiert haben.
Búri	In der nordischen Mythologie Stammvater der ersten Götter Odin, Vili und Vé.
Cato, onis	Marcus Porcius Cato Censorius (234–149 v. Chr.), auch Cato der Ältere oder Cato der Zensor genannt, war ein römischer Feldherr, Geschichtsschreiber und Politiker, der als Exempel eines römischen *pater familias* gilt.
Chares, is	Chares von Mytilene (4. Jhd. v. Chr.) war ein griechischer Geschichtsschreiber, der am Hof Alexanders des Großen wirkte.
Draco, onis	Drakon war athenischer Gesetzgeber um 650 v. Chr., dessen Reformen den späteren Griechen als besonders grausam galten.
Favorinus von Arelate	Von Gellius hin und wieder zitierter römischer Philosoph und Sophist (→ Sophisten) zur Zeit von Kaiser Hadrian (117–138 n. Chr.).
Hannibal, is	Hannibal war karthagischer Feldherr im zweiten punischen Krieg (218–201 v. Chr.), nach dem Sieg der Römer über die Karthager in der Schlacht bei Zama (202 v. Chr.) ersuchte er Asyl am Seleukidenhof bei Antiochus.
Molossus, i	s. Alexander Molossus
Philippus, i	Philipp II. von Makedonien (382–336 v. Chr.) war König von Makedonien, das er zur Vormacht in Griechenland machte, und Vater Alexanders des Großen.

Platon	Platon (427–347 v. Chr.) war ein griechischer Philosoph und der bedeutendste Schüler des Sokrates, der die Lehren und Erkenntnisse seines Lehrers in Form von Dialogen niederschrieb und in der von ihm gegründeten *Akademie* wiederum an seine Schüler weitergab.
Socrates, i(s)	Sokrates (469–399 v. Chr.) gilt zusammen mit seinem Schüler Platon und dessen Schüler Aristoteles als der bedeutendste Philosoph der griechischen Antike. Sokrates' philosophische Methode bestand darin, seine Mitmenschen durch unnachgiebiges, kritisches Nachfragen zum Nachdenken anzuregen. Dies wurde Maieutik genannt (altgriechisch: »Hebammenkunst«), da er versuchte, seine Gesprächspartner dazu zu bewegen, kluge Gedanken oder Äußerungen hervorzubringen, wie auch Hebammen ihre Patientinnen dabei unterstützen, ihr Kind »hervorzubringen«.
Solo, onis	Solon war athenischer Staatsmann und Reformer um 600 v. Chr., der in der Antike als einer der sieben Weisen Griechenlands galt. Durch seine Reformen gilt er als Wegbereiter der attischen Demokratie.
Timaeus, i	Timaeus von Tauromenion (ca. 345–250 v. Chr.) war ein griechischer Historiker.
Varro, onis	Marcus Terentius Varro (116–27 v. Chr.) war ein römischer Universalgelehrter, dessen umfangreiches Werk für die Kultur der augusteischen Zeit und der Spätantike große Bedeutung hatte.
Xanthippe, es	Xanthippe (5./4. Jhd. v. Chr.) war die Ehefrau des Philosophen Sokrates, die mit dessen Lebensweise als Philosoph unzufrieden gewesen sein soll.

Sachregister

Aternisches Gesetz (lex Aternia)	Das nach dem Konsul A. Aternius benannte Gesetz zur Festlegung eines Maximalstrafmaßes, wodurch Amtsmissbrauch von Seiten der Magistrate vorgebeugt werden sollte.
Attisch	Adj. zum Nomen »Attika«, der Region um die griechische Stadt Athen, wo der attische Dialekt des Altgriechischen gesprochen wurde.
Etymologisch	Etymologie ist die Lehre von der Herkunft und Geschichte der Wörter; in der Antike vor allem zum Nachweis der »eigentlichen/wahren« Bedeutung eines Wortes verwendet.
Ideenlehre	Lehre Platons, laut der »hinter« den sichtbaren Dingen von jedem Ding eine »Idee« als solche existiert, z. B. gilt somit die »Idee des Pferdes« gewissermaßen als Grundbauplan für jedes auf der Welt real existierende Pferd.
Platonismus	Lehre des griechischen Philosophen Platon und seiner Anhänger; da Platons Lehrwerk sehr umfangreich ist und zum Teil auch widersprüchliche Lehren enthält, findet sich unter seinen Anhängern und Nachfolgern ein breites Meinungsspektrum; jedoch können die *Ideenlehre* und die *Seelenlehre* als grundsätzliche Lehren gelten.
Seelenlehre	Lehre Platons, laut der jeder Mensch eine unsterbliche Seele besitzt, die den Körper zu Lebzeiten bewohnt und beim Tod verlässt, um dann in einem neuen Körper wiedergeboren zu werden.
Seleukidenreich	Benannt nach König Seleukos, der nach dem plötzlichen Tod Alexanders des Großen die Nachfolge für sich beanspruchte; insgesamt gab es vier solcher sogenannten Diadochenstaaten (von gr. diadochoi = Nachfolger), die um das Erbe Alexanders stritten.
Skepsis, Akademische	Besondere Strömung der Akademie Platons (→ Platon) ab ca. 250 v. Chr., deren Hauptannahme ist, dass der Mensch aufgrund der Beschränktheit seiner Wahrnehmungen und seines Denkens kein wirkliches Wissen erlangen kann. »Nichts ist sicher und nicht einmal das ist sicher«, soll der Begründer der Skepsis, Archesilaos, angeblich geäußert haben.
Sophisten	Lehrer für Redekunst im antiken Griechenland, deren Zentrum Athen war; insbesondere seit Platon und seinem Schüler Aristoteles, die den Sophisten Unehrlichkeit, Wortklauberei und Tatsachenverdrehung vorwarfen, ist der Begriff mitunter negativ belegt.
Trojanisches Pferd	Der Grieche Odysseus hatte im bereits viele Jahre andauernden Trojanischen Krieg die Idee, mit Hilfe eines riesigen hölzernen Pferdes, das den Trojanern als »Friedensgeschenk« übergeben werden sollte und innen hohl war, Soldaten in die belagerte Stadt zu schleusen, um so die entscheidende Wendung und somit den Sieg der Griechen herbeizuführen.

Lernwortschatz

1

prudentia, ae	Klugheit, Einsicht
existimare	(ein)schätzen, beurteilen
uti, utor, usus sum + *Abl.*	*etwas* benutzen, gebrauchen, anwenden
ferre, fero, tuli, latum	(er-)tragen, bringen, melden
legem ferre	einen Gesetzesantrag einbringen, ein Gesetz beantragen
fur, furis (m.)	Dieb
punire, io, ivi, itum	bestrafen
quoniam	da ja, weil
vidēri, eor, visus sum	scheinen
consensus, us	Übereinstimmung, Einmütigkeit
componere, o, posui, positum	zusammenstellen, anordnen; verfassen
vindicare (in + *Akk.*)	(gegen *jdn.*) vorgehen, bestrafen
exigere, o, egi, actum	vertreiben; fordern
scribere, o, scripsi, scriptum	(auf)schreiben
lenitas, atis (f.)	Milde, Gelassenheit

2

uxor, oris	(Ehe-)Frau
admodum	ziemlich; völlig
maritus, i	Ehemann
mirari, miror, miratus sum	sich wundern, bewundern
interrogare	(be-)fragen
ratio, onis (f.)	Vernunft, Ursache, Grund, Art und Weise
acerbus, a, um	bitter, streng; rücksichtslos

domus, us (f.)
  domum
  domi
  domo
	Haus
	  nach Hause
	  zu Hause
	  von zu Hause

exigere, o, egi, actum	vertreiben; fordern
exercēre, eo, ui, itum	(sich) üben, trainiern
facilis, e	leicht
iniuria, ae	Ungerechtigkeit; Beleidigung
officium, i	Dienst; Pflicht

vitium, i	Fehler, Laster, schlechte Eigenschaft
tollere, o, sustuli, sublatum	aufheben, beseitigen; emporheben
ferre, fero, tuli, latum	(er-)tragen, bringen, melden
commodus, a, um	angenehm; passend
praestare, o, praestiti, praestitum	übertreffen *(praestare + Dat.)*; leisten, erweisen *(praestare + Akk.)*
componere, o, posui, positum	zusammenstellen, anordnen; verfassen
corrigere, o, correxi, correctum	berichtigen, verbessern
apparēre, eo, ui	erscheinen, sich zeigen
apparet	es ist offenkundig, klar
censēre, eo, ui, um	zählen; schätzen, meinen
flagitium, i	Verbrechen, Schandtat
levis, e	leicht; unbedeutend

3

industria, ae	Fleiß, Betriebsamkeit
locuples, etis	reich, begütert
augēre, eo, auxi, auctum	vermehren, vergrößern
potiri, potior, potitus sum + *Gen.*	sich *(einer Sache)* bemächtigen, *(etwas)* in seine Gewalt bringen
incipere, io, coepi, inceptum	anfangen, beginnen
gens, gentis (f.)	(Volks-)Stamm; Geschlecht; Familie
natio, onis (f.)	(Volks-)Stamm; Herkunft; Abstammung
vis, Akk. vim, Abl. vi (f.)	Kraft; Macht; Waffengewalt
cavēre, eo, cavi, cautum + *Akk.*	in Acht nehmen, sich hüten vor *jmdm./etwas*
oratio, onis (f.)	Rede, Sprache
negotium, i	Aufgabe, Beschäftigung, Tätigkeit
quin (m. Konj.)	dass nicht; dass (nach Ausdrücken des Hinderns, Zweifelns, Widerstrebens)
plenus, a, um	voll (von) (b. Gen.)
nuntiare	melden, verkünden
disciplina, ae	Unterweisung, Erziehung, Unterricht; Disziplin
sententia, ae	Meinung; Bedeutung; Sinn
gratiam habēre	danken
proinde	also, demnach
nasci, nascor, natus sum	geboren werden
educere, o, eduxi, eductum	herausführen; erziehen
dignus, a, um + *Abl.*	wert, würdig *(einer Sache)*

4

condere, o, condidi, conditum	(er-)bauen, gründen; verbergen
regnum, i	Königsherrschaft; Königreich
adipisci, or, adeptus sum	erreichen, erlangen
nasci, nascor, natus sum	geboren werden
vincere, o, vici, victum	(be-)siegen; übertreffen
proelium, i	Schlacht, Gefecht
quaerere, o, quaesivi, quaesitum	suchen; fragen (mit de + *Abl.*: fragen nach *etwas*)
salutem fugā quaerere	sein Heil in der Flucht suchen
insidiae, arum	Hinterhalt; Attentat
occīdere, o, cidi, occisum	töten; niederhauen
subigere, o, egi, actum	unterwerfen; (be-)zwingen
transgredi, -gredior, transgressus sum	hinübergehen, überschreiten
fama, ae	(guter/schlechter) Ruf; Ruhm
felicitas, atis (f.)	Glück; Erfolg
priusquam	eher als, bevor
decedere, o, decessi, decessum	weggehen, weichen; sterben
transire, eo, ii, itum	hinübergehen, überschreiten
accipere, io, cepi, ceptum	annehmen, erhalten; vernehmen, erfahren
regnare	(als König) herrschen, regieren
obire, obeo, obii, obitum	entgegengehen
diem mortis obire//mortem obire	sterben, »in den Tod gehen«

5

caput, itis (n.)	Kopf; Hauptstadt
emere, o, emi, emptum	kaufen; nehmen
donare	(be-)schenken
dignus, a, um + *Abl.*	wert, würdig *(einer Sache)*
pati, ior, passus sum	(er-)leiden; zulassen
haud	nicht
umquam	jemals
ornare	ausstatten, ausrüsten; schmücken
facinus, oris (n.)	Tat; Untat, Verbrechen
fortis, e	stark; tapfer
providēre, eo, visi, visum	voraussehen *(providēre + Akk.)*; sorgen für *(providēre + Dat.)*
immittere, o, misi, missum	hineinschicken; sich hineinstürzen

undique	von allen Seiten, von überall her
telum, i	(Wurf-)Geschoss; Pfeil
vulnus, eris (n.)	Wunde, Verletzung
altus, a, um	hoch; tief
latus, eris (n.)	Seite, Flanke; Brust
cursus, us (m.)	Lauf, Kurs; Bahn; Schnelligkeit
referre, fero, rettuli, relatum	zurückbringen; vortragen; melden
efferre, effero, extuli, elatum	hinaustragen; emporheben
condere, o, condidi, conditum	(er-)bauen, gründen; verbergen
securus, a, um + *Gen.*	sorglos, unbekümmert *(wg. einer Sache)*
parere, pario, peperi, partum	gebären; erwerben, gewinnen

6

historia, ae	Geschichte, Geschichtsschreibung
oratio, onis (f.)	Rede, Sprache
lingua, ae	Zunge, Sprache
componere, o, posui, positum	zusammenstellen, anordnen; verfassen
appellare	nennen, benennen; ansprechen
bos, bovis (m./f.; Gen. Pl. boum)	Rind, Ochse, Kuh
ovis, is (m./f.)	Schaf
vetus, veteris	alt
instituere, o, institui, institutum	aufstellen, errichten; anfangen; einrichten
pecus, oris (n.)	Vieh
aes, aeris (n.)	Erz, Kupfer(-geld); Bronze
eiusmodi	derartig; so beschaffen
magistratus, us (m.)	Amt, Beamter
adigere, o, egi, actum	herantreiben; drängen
alii ... alii	die einen ... die anderen
idcirco	darum, deshalb
constituere, o, constitui, constitutum	festsetzen, beschließen
propterea	deswegen

7

vetus, veteris	alt
rex, regis	König
huiusmodi	derartig
ostendere, o, di, ntum	zeigen, darbieten
comparare	vergleichen, zusammenstellen, *milit.:* (Truppen) ausheben
convertere, o, ti, sum	umwenden, sich umdrehen, hinwenden
florēre, eo, ui, -	blühen, in Blüte stehen; glänzend ausgestattet sein
elephantus, i	Elefant
equitatus, us	Reiterei
ornare	ausstatten, ausrüsten; schmücken
aspicere, io, exi, ectum	ansehen, erblicken
conferre, o, contuli, collatum	zusammentragen, zusammenstellen
satis	genug, genügend
aestimare	einschätzen; beurteilen
quaerere, o, quaesivi, itum	suchen; fragen (mit *de* + *Abl.:* fragen nach *etwas*)

8

opulens, entis	reich; mächtig
rudis, e	roh, unbearbeitet, schmucklos
aetas, atis (f.)	(Lebens-)Alter, Zeitalter
postea	später
vasum, i	Gefäß, Geschirr
pretiosus, a, um	wertvoll, kostbar
frui, fruor, fruitus sum + *Abl.*	*etwas* genießen
addere, o, addidi, additum	hinzufügen
egēre, eo, ui, + *Abl.*	*etwas* nicht haben, entbehren; benötigen, bedürfen
nequire, nequeo, nequivi	nicht können
cupere, io, cupivi, cupitum	begehren, wünschen, verlangen
sustinēre, eo, ui, –	aushalten, ertragen
umbra, ae	Schatten
fingere, o, finxi, fictum	sich ausdenken; erdichten
ardēre, eo, arsi, arsurus	brennen, glühen

Wichtige rhetorische Stilmittel im Lateinischen

Alliteration	gleicher Anfangslaut zweier oder mehrerer nahe beieinander stehender Wörter	**pleraque parte** (Kap. 4)
Anapher	Beginn zweier oder mehrerer Sätze/Satzteile mit demselben Wort	**Is** Solo e septem illis inclutis sapientibus fuit. **Is** sua lege […] (Kap. 1)
Antithese	Gegenüberstellung gegensätzlicher Aussagen/Begriffe	Vitium uxoris aut **tollendum** aut **ferendum** est. (Kap. 2)
Asyndeton	Verzicht auf Konjunktionen zwischen einzelnen Wörtern oder Satzteilen	**frenis, ephippis, monilibus** (Kap. 7)
Chiasmus	korrespondierende Wörter oder Teilsätze stehen »über Kreuz«	in liberorum disciplinas **hortamentum est, exscribenda visa est** ad commonendos […]. (Kap. 3)
Hendiadyoin	Aneinanderreihung zweier Wörter mit ähnlicher oder gleicher Bedeutung	libri epistularum eius **munditiae** et **vestutatis** et prudentiae plenarum (Kap. 3)
Klimax	stufenartige Steigerung von Ausdrücken	[…] et **habendo** et **egendo** et **cupiendo** (Kap. 8)
Litotes	Hervorhebung durch Verneinung oder Untertreibung	Socrates **haudquaquam** vir **stultus** erat.
Parallelismus	parallele Anordnung von Satzteilen	Vitia vertunt, **quia multa egeo**; ego illis, **quia nequeunt egere.** (Kap. 8)
Polyptoton	Wiederholung eines Wortes mit Abwandlung der Flexionsform	»Si quid est«, inquit, »quod **utar, utor.**« (Kap. 8)
Polysyndeton	Wörter oder Satzteile werden durch Konjunktionen miteinander verbunden	[…] **et** habendo **et** egendo **et** cupiendo (Kap. 8)
Variatio	unerwarteter Wechsel von Syntax, Tempus, Wortwahl etc. in einer Rede	[…] potest […] quaesiverat […] respondit […] (Kap. 7)

Zeittafel zur geschichtlichen Verortung der Kapitel

Griechenland

700–500 v. Chr.	Archaische Zeit, Wirken Drakons und Solons
479–338 v. Chr.	Klassische Zeit, Wirken Sokrates' und Platons
382–336 v. Chr.	Herrschaftszeit Philipps, Aufstieg des Makedonenreichs zur Hegemonialmacht in Griechenland
20. Juli 356 v. Chr.	Geburt Alexanders des Großen in Pella, Makedonien
338–146 v. Chr.	Hellenistische Zeit, Alexander und Diadochenreiche
334–332 v. Chr.	Feldzug Alexanders des Molossers gegen Römer und italische Stämme
326 v. Chr.	Alexanders Indienfeldzug
9. Juni 323 v. Chr.	Tod Alexanders des Großen in Babylon, Persien
218–201 v. Chr.	Zweiter Punischer Krieg, Hannibal, Cato der Ältere
476 n. Chr.	Untergang des weströmischen Reiches
146 v. Chr. – 582 n. Chr.	Beginn der römischen Herrschaft über Griechenland bis zum Ende der griechischen Antike durch den Einfall slawischer Bevölkerungsgruppen aus dem Balkangebiet
um 125–180 n. Chr.	Leben und Wirken des Aulus Gellius

Abb. 16:
Die *Noctes Atticae*
in einer Handschrift
des 15. Jhds.

Bildnachweis

Abb. 1: Titelblatt einer lateinischen Ausgabe von 1706 | https://de.wikipedia.org/wiki/Noctes_Atticae#/media/File:Auli_Gellii_Noctium_Atticarum_1706.jpg

Abb. 2: Darstellung der Zwölftafelgesetze am Reichsgerichtsgebäude in Leipzig | https://de.wikipedia.org/wiki/Zw%C3%B6lftafelgesetz#/media/File:Leipzig_Reichsgericht_au%C3%9Fen_Detail_004.jpg

Abb. 3: Solonische Demokratie | Eigene Darstellung des Autors, orientiert an: http://www.bpb.de/cache/images/3/175893-st-article220.jpg?A28CF (Bundeszentrale für politische Bildung)

Abb. 4: Otto Vaenius: *Xanthippe leert den Nachttopf aus.* 1607. | https://de.wikipedia.org/wiki/Xanthippe#/media/File:Socrates_and_Xanthippe.jpg

Abb. 5: Philipp der II. von Makedonien auf einer Münze | https://de.wikipedia.org/wiki/Philipp_II._(Makedonien)#/media/Datei:Philip_II_of_Macedon_CdM.jpg

Abb. 6: Makedonien im Todesjahr Philipps II. | https://de.wikipedia.org/wiki/Philipp_II._(Makedonien)#/media/File:Map_Macedonia_336_BC-de.svg

Abb. 7: Alexandersarkophag, Alexander im Kampf bei Issos | https://de.wikipedia.org/wiki/Schlacht_bei_Issos#/media/File:Alexander_Sarcophagus_Battle_of_Ussus.jpg

Abb. 8: Das Reich Alexanders des Großen | Captain_Blood (https://commons.wikimedia.org/wiki/File:Diadochen1.png), »Diadochen1«, https://creativecommons.org/licenses/by-sa/3.0/legalcode

Abb. 9: André Castaigne: Die Zähmung des Bukephalos (1888–89) | https://de.wikipedia.org/wiki/Bukephalos#/media/File:The_taming_of_Bucephalus_by_Andre_Castaigne_(1898-1899).jpg

Abb. 10: Buddha-Statue mit Wächterfigur (2. Jhd. n. Chr.) | https://en.wikipedia.org/wiki/File:Buddha-Vajrapani-Herakles.JPG

Abb. 11: Darstellung des Trojanischen Pferdes auf einem Relief aus Gandhara, Pakistan
No machine-readable author provided. World Imaging assumed (based on copyright claims). (https://commons.wikimedia.org/wiki/File:IndoGreeksTrojanHorse.jpg), »IndoGreeksTrojanHorse«, als gemeinfrei gekennzeichnet, Details auf Wikimedia Commons: https://commons.wikimedia.org/wiki/Template:PD-self

Abb. 12: Audhumlba leckt Búri aus dem Eis. Aus einer isländischen Handschrift des 18. Jhds. https://de.wikipedia.org/wiki/Audhumbla#/media/File:Manuscript_Audhumla.jpg

Abb. 13: Hinduistische Holzfigur einer vierköpfigen Kuh aus Südindien | https://de.wikipedia.org/wiki/Heilige_Kuh#/media/File:Four_headed_cow_Bhuta_sculpure.jpg

Abb. 14: Jacopo Ripanda: Annibale varca le Alpi, 1505–1506 | https://de.wikipedia.org/wiki/Hannibals_Alpen%C3%BCberquerung#/media/Datei:Hannibal_in_Italy_by_Jacopo_Ripanda_-_Sala_di_Annibale_-_Palazzo_dei_Conservatori_-_Musei_Capitolini_-_Rome_2016_(2).jpg

Abb. 15: Marcus Porcius Cato in einem nachantiken Holzstich | https://de.wikipedia.org/wiki/Marcus_Porcius_Cato_der_%C3%84ltere#/media/File:Marcus_Porcius_Cato.jpeg

Abb. 16: Die *Noctes Atticae* in einer Handschrift des 15. Jhds. | https://de.wikipedia.org/wiki/Aulus_Gellius#/media/Datei:Gellius,_Valencia.jpg